Jacqui Fis Gon

Soy una Madre Egoísta, Floja Y...

Y Mis Hijos están Mejor Equipados para la Vida.

Jacqui Fis Gon

Jacqui Fis Gon

ISBN: 9798853834873
Sello: Independently published

INTRODUCCION

Los invito a este confesionario, para que sean mis verdugos, jueces, fiscales, no lo se. Ustedes decidirán.

ME   ACUSO

Soy una madre egoísta, floja, adicta al trabajo, irresponsable, y….. tantas cosas más, que ya irán viendo, si me conceden el honor de seguir adelante con este libro. No sé qué soy, pero estoy segura de que Madre Abnegada, para nada….

Y ¿por qué uso estos agravios? preguntarán. No, no. Solo son adjetivos que, según las circunstancias pueden ser buenas o malas. Ustedes juzgarán.

Comenzaré dando contexto a todo este asunto…
Cuando mis papás cumplieron 25 años de casados, mi papá le envío a mi mamá una carta hermosa, colmada de elogios y reconocimientos a su incesante labor como esposa, madre, compañera, solícita ama de casa etc, etc. En fin, ella es la piedra angular del hogar. Y yo crecí convencida de que ésa era la actitud que de mí

y de toda mujer y madre, se esperaba en la vida. Anexo carta.

En el año de 19   puse un anuncio en el Periódico de Mayor circulación que decía así:

SE SOLICITA MUJER MUY BONITA. Se requiere que la mujer afortunada realice y coordine las siguientes funciones: Que sea acompañante, consejera, administradora, agente de compras, maestra, enfermera, cocinera, nutricionista, decoradora, limpiadora, chofer, supervisora del cuidado de los niños, psicóloga y organizadora.

REQUISITOS: Debe tener una automotivación ilimitada y el más fuerte sentido de responsabilidad, debe ser independiente y con iniciativa, trabajar sin supervisión, ser eficiente en el manejo de personas de todas las edades y apta para trabajar en condiciones de estrés durante largos períodos si fuera necesario, debe ser flexible para hacer varias tareas conflictivas al mismo tiempo, sin cansarse y adaptarse para manejar sin problemas los cambios del desarrollo del grupo, incluyendo emergencias y crisis serias.

Debe ser capaz de manejarse en un sinnúmero de asuntos de escuela, médicos, dentistas, trabajadores, comerciantes, adolescentes y niños, ser competente en los oficios mencionados, sana, creativa, y extrovertida para alentar y ayudar el desarrollo físico y social de los miembros del grupo, tener imaginación, sensibilidad, calor, amor y comprensión, ya que será la responsable del bienestar mental y emocional del grupo mencionado, sabrá cocinar y servir la comida al grupo en mención.

HORAS DE TRABAJO: todo el tiempo en que permanezca despierta, así como turnos de 24 horas cuando sea necesario.

REMUNERACIÓN: Ningún salario o sueldo; el gasto será negociado de vez en cuando, se le puede requerir a la solicitante afortunada que consiga un segundo trabajo aparte del que se enuncia ahora, para ayudar al sostenimiento del grupo.

BENEFICIOS: Ninguna vacación garantizada, ni siquiera por enfermedad o maternidad, no tendrá ningún seguro de vida por salud o por accidente, tampoco se ejerce compensación alguna para la solicitante contratada. Llamar a mi teléfono ------------

Han pasado muchos años y afortunadamente aún tengo a mis papás, y mi papá sigue elogiando amorosamente a mi mamá, mientras está sentado leyendo el periódico, y mi mamá prepara la comida, lava trastes y limpia la cocina, no muy encantada, pero resignada. Y yo, fúrica farfullo: ¡¡¡Por Dios para los elogios y, CON TODO RESPETO, mejor ayúdale a cocinar, a lavar los trastes, o ya siquiera a ¡¡¡contestar el teléfono. Y si puedes le pagas un SPA.¡¡¡

En fin, por más que lo he intentado y he intervenido, ambos defienden el status quo, y ése contrato en que el hombre mantendrá a la mujer, y ella lo tratará como rey. Ya no lo puedo cambiar. ... La carta sique vigente para ellos. Para mí, no.

En aquellos matrimonios que se consolidaron hace 40 o 50 años, la mujer cree que, puesto que el marido mantuvo todos sus caprichos y gastos toda la vida, ahora ella debe atenderlo en todas sus necesidades, sin pensar en sí misma, sin derecho a enfermarse o a cansarse. Ellas creen que SE LO DEBEN y además deben tener vida suficiente y paciencia para atender y procurar el bien de sus hijos y nietos, y esa se convierte en su única misión en la vida. Y pregunto: ¿y en donde quedan sus necesidades, sus gustos, su futuro, su salud.? Y la respuesta vuelve a ser "SU MISION EN LA VIDA". Es curioso como las pláticas usuales son: ¿Y ya cuantos nietos tienes? ¿y qué están estudiando? ¿y cuántos bisnietos? Como si toda la vida se ciñera a "los otros".

Cómo única mujer, la mayor, me tocó ser la princesa de papá, y yo lo complacía con las mejores notas escolares, y una vez que obtuve mi título profesional, sin mayores miramientos, y sin pensar más, me integré al negocio familiar desde abajo.

Pasaron dos o tres años y mi hermano concluyó su carrera, se fue a trabajar a diversas empresas, y finalmente después de varios años aterrizo en el negocio familiar, y "cayó en blandito", pues luego,

luego, le tocó el título de director general. Yo ya tenía 8 años en la empresa, con un puesto administrativo, pero, ni repelé, pues mi papá me tenía muy bien aleccionada. Porque yo me casaría y me retiraría del negocio para ir a atender a mi marido y a mis hijos. Totalmente coincidente con el título de MMC (mientras me caso) que en mis tiempos de estudiante le habían asignado a la carrera de Lic. en Administración de Empresas.

Y resulta que los años pasaban y yo no me casaba, y me tenía que ir a aburrir en las discotecas y a desaburrir en las plazas comerciales y en los viajes. Pero la peor era que la profecía de mi papá no se cumplía y yo no me retiraba del negocio para ir a atender a mi marido y a mis hijitos. Mis hermanos decían que yo me casaría hasta que embarazara a un fulano y le tuviera que cumplir. Para entonces mis dos hermanos menores ya se habían casado, o sea ya me habían brincado…….. El negocio se convirtió en mi pasión y mi motivación. Pero bueno, un día hice felices a todos y me casé. Y lo primero que le dije a mi marido, provinciano empedernido, fue: Me conociste trabajando y me voy morir trabajando, o hasta que yo quiera. No sé cocinar, jamás he cambiado pañales y me encantan los negocios y las fiestas. Y con todo y eso me aceptó....

Cuando nació mi primera hija, después de algunas horas de trabajo de parto, pedí a la ginecóloga, que me hiciera cesárea, pues no tenía caso que ni la bebé ni yo sufriéramos. Cuando la abuelita de mi marido, venerable partera del pueblo de Guadalupe, que había traído al mundo al 80% de los chamacos de la población, se enteró de tal sacrilegio, casi me excomulga, pues yo no había sabido mostrar la fortaleza, la abnegación y sufrimiento que toda madre, que de verdad se diga madre, debe mostrar en una dolorosa y prolongada labor de parto.

Pasaron 9 meses y mi bebita crecía hermosa en su cuarto de bebés, acondicionado a un lado de mi oficina, rodeada de ruidos de motores, de clientes, proveedores, etc. Un día decidí que la guardería era una excelente opción para que comenzará a socializar e independizarse. Nuevamente, el grito en el cielo. "¿Para que piden a Dios que les dé hijos si van a ir a refundirlos a una guardería.?". "Si claro, no quiere asumir su responsabilidad como madre y ¡¡¡quiere seguir sintiéndose libre.!!! ¡¡¡Eso no hace una verdadera madre!!!!

¿Cómo me habrán calificado? ¡¡¡Que madre tan floja¡¡¡, ¡¡¡tan comodina!!!. ¡¡¡Tan conchuda!!!. ¡¡¡Tan egoísta!! Si supieran que apenas iba empezando con esta singular carrera de madre irreverente.

Pues he aquí un breve esbozo del porqué del título de este libro, que si bien pudiera tener sus matices de feminista, el asunto que ahora nos concierne es el de la maternidad y la crianza de los hijos

Cómo verán mi faceta como madre comenzó atentando contra algunas de las creencias y mitos de lo que es una madre de verdad.

Me dirán qué en nuestro mundo la cesárea, la guardería, el cuarto de bebés en la oficina no son ninguna novedad, pero yo te hablo de 25 años atrás, además de que estas decisiones son las que me llevaron a cambiar muchas pautas en la educación tradicional de los niños, y que, lo más importante, **ME HAN DADO BUENOS RESULTADOS**.

En cada capítulo me permitiré narrarles alguna experiencia vivida con mis hijos, o anécdotas contadas por familiares y amigos, y ustedes mis lectores definirán si encuentran algún aprendizaje o moraleja y le quieren poner algún título que coincida con las nomenclaturas actuales de la educación de niños y adolescentes.

Este libro sólo es la expresión de mis experiencias. No soy autoridad, ni psicóloga, ni socióloga, ni pedagoga, no pretendo dar reglas ni normas de comportamiento. Solo comparto lo que a mi y a mis amistades y familiares **NOS HA DADO BUENOS RESULTADOS**.

CAPITULO 1 EL PRIMER DESAYUNO. ¿SOY UNA MADRE FLOJA?

Tendría mi primera hija 4 años de edad, cuando nació mi segundo hijo. Los domingos por la mañana, como a las 7 am., se levantaba de lo más hambrienta, y pedía su desayuno. Su papá y yo, por fin acabábamos de conciliar el sueño, después de haber disfrutado los llantos del bebe casi toda la noche. (¿les suena conocido?). Asi que la preparación de un desayuno no estaba en mi agenda dominical. Con todo mi amor, y mi voz más melosa le decía:

- MUÑEQUITA, en el refrigerador hay yogurts, plátanos en el frutero y galletas en la alacena, por favor, prepárate un delicioso desayuno.

(Mi abuelita se horrorizaría desde su tumba por tener a una nieta tan floja que no se desvive por atender a su hija). Por supuesto no le iba a encargar nada que implicara uso de cuchillos, estufa, o subirse a buscar algo a un sitio alto.

Y así pasaron algunos años y, nos acostumbramos a escuchar los pasos de los dos duendecitos en la cocina, los domingos por la mañana, que se preparaban sándwiches o cereal con leche, y a veces nos sorprendían llevándonos el desayuno a la cama. Han pasado varios años, y hoy puedo decir que tengo dos hijos adolescentes AUTOSUFICIENTES que a cualquier hora del día pueden prepararse sus alimentos, o inclusive ir a alguna casa de visita y contribuir con la preparación de alimentos y bebidas, pero, lo más importante es que están CONSCIENTES de que sus padres merecen descansar y que no están a su disposición todo el tiempo.

Actualmente con 17 y 21 años, son capaces de preparar una comida completa con todos sus tiempos.

Así comenzamos, criando hijos INDEPENDIENTES Y CONSCIENTES que saben que sus padres los aman y tienen obligaciones, pero también derechos.

CAPITULO 2. EN LA OFICINA. ¿SOY UNA MADRE ADICTA AL TRABAJO?

Cuando mi pequeñita tendría apenas 2 años de edad, después de salir de la guardería, con frecuencia me acompañaba a mi trabajo, y andaba dando lata algún rato en las oficinas

De repente, se me perdía de vista, y cuando la buscaba, estaba profundamente dormida en las cajas de cartón que contenían algunos de los suaves materiales que usábamos en el proceso productivo de la fábrica.

Me causaba tanta ternura, que no dudé en tomarle varias fotos, que ahora guardamos con cariño como un reconocimiento al lugar que proporcionó a mi hija el amor y el cobijo necesarios durante sus primeros años.

Ahora que es una jovencita, valora y respeta el lugar que la vió crecer y que ha dado para su sustento y formación, y cuando es necesario, hasta colabora en

actividades administrativas o manuales de la empresa.
.

Mis hijos son "JUNIORS" que saben que el dinero no crece en árboles, y que aman y honran el lugar que les ha dado los medios para crecer.

Criando hijos que VALORAN Y RESPETAN la actividad profesional y el lugar de trabajo de sus padres.

CAPITULO 3. LOS VECINOS. ¿SOY UNA MADRE IRRESPONSABLE?

Mis pequeños de 8 y 4 años, ya iban camino a la fama como jugadores de futbol junto con sus vecinitos.

Un intempestivo tiro a gol, fue a dar a la ventana de alguna de las vecinas. Al oír el crack del vidrio, todos los pequeños salieron gritando y corriendo hacia sus respectivas casas. Bajé de inmediato y le pregunté a mi hijo más pequeño:

- ¿quién fué el campeón goleador, que rompió el vidrio de la vecina?

Con cara un poco asustada y dudando un poco, me dijo que había sido él, y de inmediato se apresuró a decir, con cara de alivio, que nadie se había asomado, que ni cuenta se habían dado. Supongo que esperaba tremendo regaño, pero no le dije nada, así que, creyendo que ya se había librado, rápidamente dirigió sus pasos hacia el interior de nuestra casa. Pero no contaba conmigo, que le dije:

- Espera, no tan rápido, ve a casa de la vecina y dile que le rompiste un vidrio, pídele una disculpa y pregúntale cuanto debes pagar por el estropicio.

Rápidamente me suplicó:

- Mami, pero si todos estábamos jugando, además a mí me dá pena, mejor ve tú, al fin es tu amiga.

Me quedé viéndolo y le sonreí y le dije.

- Mi amor, el causante fuiste tú, no yo. Tienes que ir.

Con su carita llena de lágrimas me miraba, esperando que "su hada madrina fuera y lo salvara de la situación", pero su hada madrina solo lo miraba con sonrisa y firmeza, así que no le quedó más que ir con la vecina y explicarle lo sucedido. Ella lo comprendió, le agradeció la disculpa, y le perdonó la deuda.

No hacen falta los regaños. Simplemente, que reconozcan su error y lo reparen.

"si el niño pintó, la pared, no te enojes, no lo regañes, solo dale un trapito para limpiarla, y las instrucciones de cómo hacerlo"

Ellos buscaban ser grandes futbolistas, pero ganaron una medalla por su honestidad.

Criando hijos HONESTOS Y RESPONSABLES de sus actos.

CAPITULO 4. EN EL RESTAURANTE. ¿SOY UNA MADRE DESINTERESADA?

Es Domingo, fin de campeonato de futbol de los niños, y después de recibir sus premios, como un reconocimiento por su desempeño, los llevamos a comer a su restaurante favorito, y tras una hermosa convivencia familiar (baja los codos de la mesa, cierra la boca para masticar, no juegues con los cubiertos, etc, etc), se merecen un postre. La niña pide una malteada de vainilla, pero se la trajeron de fresa, y me dice.

- mami, yo la pedí de vainilla. Y le contesto:

- mi amor, dile al mesero que tú la pediste de vainilla, que POR FAVOR, te la cambie. La niña me contesta:

-a mí me dá pena, dile tú. Yo le contesto:

-si quieres que la malteada sea tal como tú la pediste, pídela tú directamente al mesero ". Ella me mira con ojos de súplica, como solicitando mi intervención, pero yo le insisto.:

- Hija, debes obtener exactamente lo que pediste, y pedir AMABLEMENTE al mesero lo que tú quieres.

Con su vocesita tierna de 7 años, finalmente logró que el mesero le trajera lo que ella había pedido.

Varios años después, mi hija ya con 18 años, fue a comprar un filete de pescado a una tienda de autoservicio, y le dieron mal pesado el producto, y ella se acercó a reclamar, pero como la vieron tan joven, quisieron ignorarla y hasta hacerla sentir culpable, alegando que no conocía el sistema de pesaje, pero ella no lo permitió e hizo valer sus derechos como cliente y como adulto, obteniendo el producto deseado en las condiciones prometidas.

Criando hijos ASERTIVOS

CAPITULO 5.   EL RANCHO ¿SOY UNA MADRE SOBREPROTECTORA?

Desde que mis hijos eran pequeños, además de acostumbrarse a la carreola que los traía por todos lados "conociendo el mundo", también aprendieron a sentarse al frente del carrito del supermercado, y a darle sustos a su madre, cada que parecía que se iban a caer.

Al cabo del tiempo conocían perfectamente los pasillos de la tienda, los productos que se vendían, las largas filas y los dulces que, a un lado de la caja siempre engordan el ticket. Al llegar a la casa, ayudaban en el acomodo de los productos en la alacena y botiquines.

Cuando en un viaje a provincia con la familia de su papá, vieron cómo se sembraban y cosechaban los frutos y verduras, se llevaron la gran sorpresa de que las guayabas, los jitomates y los pepinos, nacían de la tierra o de un árbol, y ¡¡¡NO SE FABRICABAN EN LOS ESTANTES DEL SUPER¡¡¡

Vieron también como se ordeña a las vacas y se obtiene la leche y el queso y otros productos, que

¡¡¡TAMPOCO APARECIAN SOLITOS EN LOS REFRIGERADORES DEL SUPER¡¡¡

¡¡¡Y su papá se atrevió a darles de beber y comer esos alimentos sin pasteurizar¡¡¡. (Entonces, no era la abuelita a la que le daba la histeria, sino era yo, que sufría anticipando las diarreas, vómito, etc, que podría acarrearles el consumir esos alimentos tan impuros¡¡)

Desafortunadamente también les toco encariñarse con algún animalito (becerro, chivito, cerdito) y hasta ponerle nombre y al ir en la siguiente ocasión, saber que el susodicho, había sido el principal platillo en el último bautizo, boda o fiesta de xv años.

He de comentar que me fue difícil aceptar esos cambios drásticos, pues yo soy chilanga empedernida, y al principio a esos viajes llevaba pañaleras inmensas, mamilas especiales, esterilizadores, alimentos hechos en casa, etc. para cuidar la higiene y proteger la salud de mis hijos. Finalmente comprendí que mis hijos eran felices jugando en el lodo, ayudando a alimentar a los animales, ordeñando a las vacas y trepándose a los caballos y que no tenía caso que me siguiera histerizando, ni rezando porque el caballo no los fuera a tirar.

Mis hijos comprendieron también el valor de esos animales que eran sacrificados para la alimentación y beneficio de los humanos, y comprendieron también el valor del campo y el gran esfuerzo que hacen las personas de las zonas rurales, para proveer de alimentos a las grandes ciudades. Fue un factor crucial para que siempre valoraran sus alimentos, evitando desperdicios

Criando hijos con CONSCIENCIA ECOLOGICA Y CON CAPACIDAD DE ADAPTACION AL MEDIO RURAL

CAPITULO 6. LA GUARDERIA. ¿SOY UNA MADRE CULPABLE?

Como ya les conté, mi hija entro a la guardería desde los 9 meses de edad, allí paso todas las etapas iniciales de su primera infancia, y tuvo muchos aprendizajes que a mí me tocaba reforzar en casa.

Como mamá, que de repente se siente culpable por tener a su "hija abandonada en una guardería", cuando ella estaba conmigo por las tardes y los fines de semana, pretendía complacerla en todo y le toleraba berrinches, caprichos, etc. y, obvio, los lunes las maestras tenían que volver a empezar con la educación y el aprendizaje que habían logrado durante toda la semana anterior.

Bajo estas circunstancias, yo le preparaba los alimentos que ella deseara, con las especificaciones y detalles que ella pidiera y le dedicaba horas y horas en su atención y en consolarla de mil maneras de sus berrinches, y le compraba cualquier cosa que ella pidiera. En fin, ese era el precio que tenía que pagar por ser una mala madre que "olvidaba a su pequeña hija 40 horas a la semana en un refugio".

Un día por la tarde, pregunté a mi hija que había comido en la guardería, y me dijo:

- lengua en caldillo. Y yo puse una cara de ¡¡guacala¡¡ muy mal disimulada, pero ella agrego:

- y sabe bien rica.

Fin de la historia, de los berrinches, del sentimiento de culpa, etc. Ella era feliz comiendo lo que le daban, y yo con mi sentimiento de culpa quería prepararle platillos gourmet a los que de todas maneras le ponía mala cara. A partir de allí, mi muñequita comió lo que se preparaba para toda la familia, y concluyo que sabia tan rico como la Lengua en caldillo.

Criando hijos con CAPACIDAD DE ADAPTACION

CAPITULO 7. LA MASCOTA. ¿SOY UNA MADRE DESCONSIDERADA?

Desde que mi hija tenía 8 años, pedía una mascota. Cualquiera la hubiera hecho feliz, desde un grillo hasta un perro, pero no teníamos ni el espacio, ni el tiempo para atenderles.

Ya para cumplir 10 años, noté que tenía una pequeña cajita de joyería a la que no perdía de vista por ningún motivo, y la mimaba y la arrullaba, y cuando me asomé adentro descubrí una pequeña Catarina, acomodada entre pequeñas almohaditas y franelas y con su nombre escrito en una etiqueta.

Entonces supe que ya no podía postergar la adquisición de una mascota.

Para ello pedí a mi hija que investigara todo acerca del cuidado y beneficios de las tortugas, los hamsters, los gatos, etc. y que con base en lo que descubriera en google, definiera cual era la mascota que más convenia de acuerdo a nuestra casa, los tipos de cuidados, nuestros tiempos, etc. pero sobre todo, que estuviera consciente de que una mascota no es un juguete, ni un capricho momentáneo; que se le debe querer y cuidar toda su vida, y que ella iba a ser la responsable de alimentarle, cuidarle, y limpiarle.

Después de algunas semanas de investigación y de exponernos todos sus conocimientos sobre las diferentes opciones de mascotas, decidimos que lo mejor sería un gatito. y fue así como los Reyes Magos le trajeron a Boni, un hermoso siamés blanco que fue adoptado en un cunero, y que hasta la fecha, 12 años después, es amado y cuidado por mi hija. Ha pasado enfermedades y se ha extraviado, lo cual, ha dado a mi hija grandes e inesperadas lecciones.

Recientemente nuestro segundo gatito murió, y fue un suceso realmente dramático en la familia, y fue también un gran aprendizaje, para experimentar el desapego, al perder este pequeño y noble ser querido.

Criar hijos que AMEN Y RESPETEN A LOS SERES VIVOS (MASCOTAS), SELECCIONEN Y DECIDAN con base en las necesidades de la familia, y se RESPONSABILICEN de su cuidado.

CAPITULO 8. LOS QUEHACERES DE CASA. ¿SOY UNA MADRE ABUSIVA?

En casa siempre habíamos hablado con los niños de igualdad de condiciones y oportunidades para hombres y mujeres, pero creíamos que era información sobre la que podían ó no poner atención; sin embargo, un fin de semana, estando mi hijo más pequeño en preescolar, me dijo:

- mami, hoy voy a lavar los trastes. Yo estaba a punto de negarme, pues ya me imaginaba el desperdicio y tiradero de agua, pero recapacité y le pregunté porque lo hacía y me dijo:
- es justo mamá porque los hombres y las mujeres tenemos que ayudar siempre en la casa, porque los dos son igual de inteligentes.

Encantada acepté su oferta, aunque finalmente tuve que volver a lavarlos.

No soy una madre abnegada, no soy ama de casa. Trabajo, y contribuyo a que tengamos un mejor nivel de vida, por eso los 4 tenemos obligaciones en el hogar como mantener aseada su recamara, sacar la basura de los baños, preparar comida una vez a la semana, y lavar trastes diario y atender a los gatitos. Por esto, cuando uno de mis hijos no cumple con sus obligaciones, los permisos se niegan, así como el dinero para sus gastos. Se que a veces hubieran querido tener una madre que tuviera la casa perfectamente limpia, una deliciosa comida y la mesa puesta cuando llegaran, pero les tocó vivir en este tiempo y en este mundo.

Por fortuna, mi trabajo concluye temprano y me permite convivir con ellos por la tarde, acompañarlos al deportivo y ver una buena película, además de escuchar sus vidas, ir por ellos a la escuela y comer juntos.

Criar hijos CONSCIENTES DE LA EQUIDAD DE GENERO Y DEL APOYO EN CASA

CAPITULO 9. CONCLUYENDO PREESCOLAR. ¿SOY UNA MADRE HOSTIGANTE?

Y llega ese momento en que los niños en 3°. de preescolar son los "grandes de la escuela" y mami quiere seguir abrazándolos y comiéndoselos a besos delante de los amigos. (¡¡¡ni lo mande Dios¡¡¡, ¡¡¡ellos son los líderes¡¡¡) Yo extrañaba estrechar a mi pequeño.

Entonces se me ocurrió qué si sus héroes favoritos eran los luchadores profesionales, yo sería MAMI MORTON, una aguerrida campeona de la lucha libre, y cada mañana llegaba corriendo a grandes zancadas, lo despertaba con abrazos apretados y llaves maestras, besos y cosquillas, y le decía:

-¿Te rindes? El se levantaba a carcajadas y me decía:

- ¡¡Jamás me rendiré, y te voy a ganar el baño¡¡

Logré que se levantara corriendo a bañarse, que considerara a mamá como una mujer fuerte, y digna contrincante, conocedora de sus superhéroes, pero sobre todo lo abracé muchas veces.

Actualmente, podemos caminar por la calle abrazados, y me presenta orgulloso a sus amigos y yo procuro usar siempre un tono firme y fuerte en mi voz, sin inflexiones tiernas ni melosas.

Criando hijos ABRAZADOS Y MIMADOS, pero ENTENDIENDO SU NACIENTE AUTONOMIA

CAPITULO 10. EL EQUIPAJE. ¿SOY UNA MADRE DESOBLIGADA?

Cuando mi hijo tenía 5 años y salíamos de viaje, yo le pedía que empacara su ropa, y él me preguntaba:

– ¿ cuántos días vamos a ir?. Yo le decía: - 5 días

Entonces el empacaba 5 calzones, 5 calcetines, 5 pantalones y 5 playeras. Todo hecho bolas, de mil colores, pero finalmente, era responsable de hacer su propia maleta. Ya después, cuando no se daba cuenta, yo reacomodaba la maleta y seleccionaba las prendas.

Cuando me descubrió haciéndolo, se ofendió, y dijo que no confiaba en él. Desde entonces, deje de revisar su equipaje, y solo le llevaba algunas mudas aparte, para prevenir.

Lo importante es que, ya no me preocupo por el empaque de sus cosas. Actualmente mi hijo, a sus 17 años, sabe lo que lleva, si lo plancha, cuantas mudas necesitara, las combinaciones indicadas, etc. Y si algo se le olvida, pues tendrá que ver como lo consigue…

Criando hijos AUTOSUFICIENTES.

CAPITULO 11. EL LUNCH. ¿SOY UNA MADRE AVARA?

Una lonchera de campeonato¡¡¡, yo me esmeraba por preparar un lunch nutritivo, económico, variado y que encantaba a mis hijos. Llevaban una fruta, (manzana o plátano) una verdura (jitomate), algo de proteína (sandwich de jamón, nuggets, ensalada de atún, cuernitos de jamón), un lácteo (yoghurt) y un cereal. (barra de amaranto o granola)

Pero de repente me desconcertaba porque regresaban sándwiches mordidos, bebidas lácteas y barras de cereal que yo no había mandado, y mis hijos me explicaban que su lunch les gustaba a sus amiguitos y que intercambiaban.

Otros días regresaba un plátano magullado o una manzana con 3 mordidas. O a veces llegaban hambrientos, o por el contrario, no querían comer, pues venían satisfechos.

Yo les preguntaba porque habían regresado en esas condiciones sus alimentos, y me decían que no querían tirarlas a la basura, pues no era justo desperdiciar y que mejor lo regresaban a casa para que se aprovechara, o bien que habían compartido su lunch con algún amigo que no traía el suyo. O que algún amigo les había compartido de su lunch, y habían comido demasiado. Así que algunas ocasiones mandaba un poco más de lunch, para que siempre pudieran compartir.

En algunas ocasiones, con tantas actividades matutinas, hubiera preferido darles dinero para que compraran algo en la escuela, pero siempre sentí que el lunch era una gran muestra de amor, la presencia de mamá durante el recreo.

Estando mi hija en preparatoria, le seguía mandando éste tipo de lunch, y el día que llevaba Nuggets, se tenía que esconder, porque tan pronto abría su lonchera sus compañeros iban a pedirle y ella satisfecha sonreía porque se sabía consentida.

Criando hijos QUE VALORAN LO QUE TIENEN, COMPARTEN Y NO DESPERDICIAN.

CAPITULO 12. LAS TRADICIONES. POSADAS EN ACAMBARO. ¿SOY UNA MADRE FLOJA?

La época navideña, llena de fiestas, luces e innumerables regalos, que en la Ciudad nunca faltan, mis hijos la gozan sobremanera, y son los privilegiados receptores de todas estas amenidades.; pero afortunadamente, desde pequeños, también han tenido el gusto de disfrutar y ser partícipes de las tradiciones en provincia.

Cada año vamos desde el día 22 hasta el 25 de Diciembre a la pequeña Ciudad de Acámbaro, y mis hijos, junto con todos sus primos se encargan de organizar las posadas, piñatas, entrega de aguinaldos y arrullamiento del Niño Dios.

¿Y esto que tiene de especial?

Bueno, pues que en estas festividades ellos son los que dan algo de sí mismos a los demás, realizan el trabajo necesario para ello, además de conocer y preservar nuestras hermosas tradiciones mexicanas.

En las posadas se acostumbra que una vez que concluyen los cánticos, el peregrinaje y la "partida" de la piñata, a todos los asistentes se les dá de cenar y se les entrega una bolsa con dulces y frutas.

A éstos eventos muchas veces acuden personas de condición muy humilde que esperan ansiosos la cena y los dulces.

Desde temprano, todos nuestros niños llenan las bolsas de dulces y frutas, rellenan la piñata, y por la noche, ayudan a repartir las bolsas y la cena a todos los invitados.

Es maravilloso ver su cara de satisfacción cuando han concluido de repartir los regalos a todas las personas, pues saben que ahí no hay un Santa Claus que da obsequios a manos llenas, saben que ahí, son ellos quien se convierten en emisarios del Niño Dios, que comparten su energía, su tiempo y su alimento.

Y, arrullar al Niño Dios, les concientiza del verdadero significado de la Navidad.

Ya como adolescentes, contribuyen en la preparación de la cena y en la "logística" para distribuir los alimentos y los dulces y después comentamos durante la cena de Navidad la gran satisfacción de compartir.

Criando hijos GENEROSOS Y ORGULLOSOS DE SUS TRADICIONES.

CAPITULO 13. LOS REGALOS. ¿SOY UNA MADRE AVARA?

Es 6 de Enero, y justamente hoy concluye la época en que los niños reciben un sinfín de regalos de parte de los padres, abuelos, tíos, padrinos, etc, y los obsequios recibidos el 24 de Diciembre, para el 6 de Enero ya están viejos y son aburridos, pues ya llegaron otros a sustituirlos. ¡¡¡ Pero además, ya no se trata de una muñeca, una cocinita, unos trastes, una autopista, un hombre de acero¡¡¡ No, no, no, ahora se trata de IPOD, IPAD, videojuegos, celulares, ($5,000, $ 10,000 pesos para cada hijo). (En mis tiempos los Reyes no gastaban más de $ 500 por hijo) Y en ésta avalancha, de "amor" ellos reciben todo, y ¿qué dan?.

Al cumplir mi hija 5 años, comencé a darle su DOMINGO, y le pedí que guardara $ 10 cada semana en su alcancía, para que en NAVIDAD, pudiera dar algún regalo a sus abuelos y a sus papás. Cerca de Navidad observé que mi hija estaba muy atenta a las pláticas de sus abuelos, y un día me dijo.

-"Mami, necesito ir a una plaza comercial, para comprar a mi abuelo un balón de futbol, porque mi abuelo siempre fue un gran futbolista, y para mi abuela quiero comprar una libreta para que anote sus recetas, porque cocina delicioso."·

Me encantó ver su cara de satisfacción cuando los abuelos abrieron sus regalos y recibieron justamente algo especialmente adquirido para ellos. y mi hija les dijo

- "se los compré con mi dinero, no me lo dieron mis papás".

No se trata de dar un obsequio solo por cumplir, sino de demostrar el interés en lo que sus seres queridos valoran y sentir que lo pagan con sus propios ahorros, y saber que el dinero que reciben no es solo para ellos, sino que deberán tener siempre un detalle con las personas que aman.

Criando hijos QUE SABEN VALORAR LOS OBSEQUIOS QUE RECIBEN Y SER RECIPROCOS

CAPITULO 14. LOS REGALOS BIS. ¿SOY UNA MADRE CAPRICHOSA?

Cuando mis hermanos y yo nos casamos, empezamos con los terribles gastos que conlleva el tener una familia.

Cuando llegaba el cumpleaños de papá, como fuera, nos esforzábamos por tenerle algún regalo, aunque fuera pequeño y él nos lo agradecía mucho, pero también nos comentaba si la prenda le había quedado grande o quería otro color, etc. Y esto nos llevaba a siempre poner atención y cuidado para regalarle algo que de verdad le complaciera.

Cuando llegaba el cumpleaños de mamá, ella siempre comprensiva de nuestros apuros económicos nos decía que no necesitaba nada. ¿Y que creen?, que paso el tiempo y dejamos de esforzarnos por darle un regalito. ¿Es eso justo?

Así que ahora cuando es mi cumpleaños, quiero que mis hijos me valoren y desde algunos días antes les comento sobre algún barniz para uñas o algún chocolate rico que desearía tener. Y cuando lo recibo se los agradezco mucho y les digo que me leyeron la mente, que era justamente lo que más deseaba. Y jamás les digo-¡¡¡ No te hubieras molestado¡¡¡

Criando hijos GENEROSOS.

CAPITULO 15. LOS ABUELOS. ¿SOY UNA MADRE EXIGENTE, MANDONA?

Desde que mis hijos tenían aproximadamente 4 años, cuando llegaban sus abuelos a la casa, de inmediato les pedía que dejaran de hacer cualquier cosa que estuvieran haciendo, para correr a saludarlos y atenderlos, acercarles una cómoda silla, dejarles el mejor lugar en la mesa, regular el clima, la luz, la música o lo que fuera necesario.

Les pedía que se sentaran a platicar con ellos y contarles todas sus hazañas en su escuela y con sus amigos, y a la vez preguntar a los abuelos por su salud y sus actividades durante la semana.

Si iban a su casa, siempre pedir permiso para hacer algo o tomar algo. Siempre pendientes de llamarles en sus cumpleaños o durante la semana. Ayudarlos a caminar, a subir y bajar del coche. Escucharlos con atención, sonreír y ser amables.

Mi hijo siempre se esmera para ser "todo un caballero" con sus abuelas.

Ahora, mis hijos de 17 y 22 años, piden por lo menos una vez a la semana ir a ver a sus abuelos y los invitan al restaurante, al cine o a sus eventos escolares. Con su propio dinero les compran algún obsequio.

Cuando tengo algún conflicto con mis hijos, y "no soportan a su madre o a su padre", corren a casa de sus abuelos, y hasta se quedan a dormir allí. Y se refugian con sus abuelos, y les platican que su padre y su madre son "una pesadilla".

Prefiero mil veces, que se vayan a refugiar a casa de sus abuelos, a que lo hagan en casa de un amigo, un conocido, o no se quién.

Esta consideración y amabilidad para con sus abuelos la tienen también para otros adultos mayores.

Criando hijos que RESPETAN Y VALORAN A SUS ABUELOS Y A LAS PERSONAS MAYORES.

CAPITULO 16. LOS JUEGOS. ¿SOY UNA MADRE SIMPLE?

Tendrían mis hijos 3 y 7 años de edad e íbamos de salida para pasar la navidad con la familia. De repente le llaman a mi esposo de su oficina, y se tenía que presentar de urgencia. Pues nos desviamos del camino, y tuvimos que ir para allá.

Mientras él entraba a una junta con su equipo de trabajo, yo tuve que entretener y mantener tranquilos a los chicos, inventando algunos juegos, porque no les iba a permitir que se "pegaran" a los celulares.

Les decía: -Imaginen que van a un restaurante, y tienen que pedir algo de comer, pero no pueden hablar y no hay un menú o carta. Cómo le hacen? Comienzan con sus manos a hacer el movimiento para hacer tortillas, y después deshebran el queso, y luego agregan sal, etc. Cada vez les pido alimentos más complicados. Poco a poco van siendo más ingeniosos hasta lograr expresar correctamente lo que quieren.

Cuando salíamos al parque corríamos alrededor y yo les daba instrucciones. Si les decía STOP, tenían que parar, si les decía 1 tenían que dar un giro, si les decía 2 tenían que agacharse, si les decía 3 tenían que dar un brinco. Era un juego muy simple, pero estaban totalmente alerta para seguir las instrucciones

Actualmente, recuerdan con nostalgia y cariño esos juegos, y cuando llegan a tener a algún pequeño a su cargo (primo, sobrino) utilizan los mismos juegos.

Criando hijos que son CREATIVOS para lograr sus objetivos y no aburrirse, que UTILIZAN las herramientas a su alcance y que aprenden a SEGUIR INSTRUCCIONES.

CAPITULO 17. LOS DEPORTES. ¿SOY UNA MADRE DEBIL QUE NO EXIGE LOS DERECHOS DE SUS HIJOS?

Cuando mi hija entró a la primaria, comenzó a pedirme que le enviara doble lunch, lo cual me pareció extraño, pues siempre ha sido muy delgada y no muy buena para comer. Cuando le pregunté por qué, me decía que tenía más hambre, que le gustaba mucho lo que le mandaba y que por eso quería comer más. Me extrañó, pues además la observaba pensativa, poco risueña.

Un día le dije que se había acabado el pan y que no me iba a alcanzar para hacer la doble ración de lunch. Puso cara de angustia y comenzó a llorar, entonces le pregunte que tenía, y por fin me dijo que había una niña que le decía qué si quería ser su amiga, le tenía que dar su lunch. Le dije que evitara a esa niña y buscara a otras amigas, pero me dijo que no tenía otras.

Y en algún momento pensé en las situaciones que aquellas niñas vivían en sus casas, que las llevaban a ser abusivas y decidí presentarme con la maestra y pedir que citaran a la madre de ésa niña para aclarar la situación.

Pero antes de actuar, analicé a mi hija, y entonces si me preocupé, y me percaté de que lo que a ella le faltaba era SEGURIDAD EN SI MISMA, Y CAPACIDAD DE TRABAJAR EN EQUIPO.

Me acorde lo que las abuelitas decían. "El valiente vive hasta que el cobarde quiere". Así identificaban en BULLYNG en aquellos tiempos.

Decidimos entonces meterla a clase de KEMPO (arte marcial japonesa), pero no con el ánimo de que aprendiera a defenderse, o a ser agresiva, sino de que, por medio de. la filosofía de esa disciplina y la práctica en equipo tuvieran las herramientas que le permitieran realizar los cambios necesarios en su personalidad.

Por años acudimos con gran orgullo a recibir sus cambios de cintas, pero sobre todo a ser testigos de su capacidad de hacer nuevos amigos y de defender sus ideas y sus derechos. Y después siguió el baile, el futbol y la natación, y hemos cosechado triunfos, y acrecentado la convicción de que la práctica de un deporte es imperativa para reforzar la autoestima de los niños y para fomentar el trabajo en equipo.

Además, la práctica del deporte los aleja de los vicios, pues saben que si incurren en algún vicio, o en desequilibrios alimenticios, de sueño, etc su rendimiento bajará y no podrán cumplir sus objetivos.

Criando hijos SEGUROS DE SI MISMOS a través de la práctica del DEPORTE.

CAPITULO 18. POBRECITOS. ¿SOY UNA MADRE DESCONSIDERADA Y ADICTA AL TRABAJO?

Como lo expresé al principio, éste libro se nutre, no sólo de experiencias propias, sino también de experiencias ajenas que he conocido de viva voz. En otras palabras, no solo hablo de mí, sino de los demás. Les platico el chisme…

Uno de mis primos nació con medio brazo, debido a una epidemia de rubeola que se dió, mientras su mamá estaba embarazada, lo que a todos nos causó, conmoción, preocupación y hasta curiosidad. Todos nos preguntábamos que pasaría con ese niño, y como enfrentaría la vida.

Sus papás fueron muy inteligentes, y desde pequeño, lo enseñaron a enfrentar ese "inconveniente" con gracia y valentía.

En el kínder sus compañeros le preguntaban que le había pasado, y él contestaba.

- Me peleé con un tiburón y se comió mi brazo, pero yo lo maté.

Lo cual causaba gran admiración entre niños y adultos. A los 12 años repartía pizas en su bicicleta manejando con un solo brazo. Ahora es un empresario que maneja varios negocios.

Sus papas nunca aceptaron que le dijeran ¡¡POBRECITO¡¡

Otra de mis primas se divorció, teniendo una pequeña de 5 años. En tanto corrían los tramites de pensión alimenticia, custodia, etc. Ella se integró al negocio de sus papás, y la vida pintó un tanto complicada para la niña, pues tuvo que salir de la guardería, y enfrentar un cambio de residencia. La familia se cuestionaba como iba a afectar a la niña toda esta situación y no faltaron los comentarios de "¡¡pobrecita¡¡", "¡¡como lo va a resentir¡¡" pero la pequeña, ni tarda ni perezosa, de inmediato se integró también al negocio de sus abuelos, y pronto contaban con la asistente más hermosa y simpática que robaba las sonrisas de la creciente clientela.

Su mamá, merece todo mi respeto¡¡

Estando mi hijo menor de 4 años en la guardería, un día me llamaron a la oficina para reportarme un ligero accidente, pero al no encontrarme, se comunicaron con mi mamá, y le dijeron que el niño se había caído y que se había hecho un raspón en la rodilla. Mi mamá me localizó de inmediato y me urgió para que fuera a la guardería a recoger al niño. Yo llamé y me dijeron que solo se trataba de un raspón en la rodilla, pero que básicamente estaba bien. Entonces le comenté a mi mamá que no iría a la guardería por el niño. Y seguí con mis actividades en mi trabajo. Mi mamá se molestó muchísimo y me dijo:

- ¡¡¡Pobre niño, parece que no tiene madre¡¡¡.

Por favor, no era indispensable que corriera por él

Mi filosofía es: "Si se cayó y no está lastimado, que se levante. Si se pegó, que se sobe. Si ya no se queja y no se ve mal, entonces ya ni recordárselo".

Nunca digas pobrecitos... Pues así los verán los demás. Débiles, incapaces.

Y mucho menos ahora en éstos tiempos de divorcios, en que muchos padres adoptan posturas como éstas:

Mis hijos han sufrido tanto por mi divorcio, que no es justo que también sufran cocinando, o lavando trastes o tendiendo su cama, mejor lo hago yo, y tenemos a una madre o padre esclavos y sirvientes de sus hijos. Hijos inmaduros y dependientes.

Mis hijos han sufrido tanto por mi divorcio, que no es justo que también sufran carencias económicas, entonces les voy a cumplir todos sus caprichos aunque para ello me tenga que endeudar. Hijos inconscientes de la realidad y que creen que se merecen todo y se vuelven débiles. Hay tantos memes en que los hijos de padres divorciados, están "felices", ya que saben que recibirán regalos muy caros, sin motivo alguno, tanto de parte de mamá como de papá.

Mis hijos han sufrido tanto por mi divorcio, que no es justo que sufran más contradicciones y enfrentamientos, por eso haré todo lo que me pidan y no me atreverá a contradecirlos, ni a imponerles normas de conducta.

Criando hijos FUERTES, CAPACES, RESILIENTES.

CAPITULO 19. LAS EMPRESAS. ¿SOY UNA MADRE ANTICUADA?

En una ocasión, mis hijos me acompañaron a llevar mi automóvil a servicio a la agencia, y justo al salir, uno de los mecánicos me ofreció hacerme el trabajo directamente en mi domicilio a un precio más bajo. Yo, puse cara de indignación y le dije que no.

Mis hijos se quedaron desconcertados, pues esperaban que con el dinero que nos podíamos ahorrar, les alcanzaría para uno de sus videojuegos favoritos.

-¿Por qué no le aceptaste mami? Yo les contesté.

- Crear una empresa, implica un gran esfuerzo pues se requiere de amor, sacrificio, honestidad, fe y perseverancia.

- ¿Qué creen que pasaría si todos los clientes de esa agencia decidiéramos que el trabajo nos lo hiciera uno de los empleados por su cuenta, en vez de que nos lo hiciera la empresa?. Ellos contestaron.

- Pues la empresa ya no tendría clientes y ya no tendría dinero.

- Exacto ¡¡. Y entonces los empleados que trabajan dentro de la empresa podrían perder su trabajo y eso afectaría a sus familias.

- Además una empresa toma medidas especiales para la preservación del medio ambiente y paga unos impuestos que contribuyen a mejorar al país

Y entonces comprendieron que el servicio de la agencia era más valioso porque distribuía riqueza y bienestar.

Sigo llevando mi coche a la agencia y mis hijos saben el valor de una empresa que se forja teniendo como guía los VALORES FAMILIARES.

Criando hijos HONESTOS Y QUE RECONOCEN EL VERDADERO VALOR DE UNA EMPRESA

CAPITULO 20. LA HORA DE DORMIR. ¿SOY UNA MADRE CURIOSA? ¿METICHE?

Igual que la mayoría de los papás, desde que mis niños estaban pequeños, acostumbraba llevarlos a dormir y contarles algún cuento ó una anécdota de sus abuelos ó bisabuelos, mientras les acariciaba el cabello y esperaba a que se durmieran. Pero justo cuando estaba a punto de levantarme de su cama y creía que ya dormían profundamente, se despertaba, y había que volver a empezar.

Al ir creciendo, dejé de hacerlo, pues a veces ya se dormían más tarde que yo, tenían tarea, o estaban pegados al teléfono con sus amigos.

 Una ocasión en que mi hija tenía un fuerte resfriado, me fui a sentar a su cama y volví a acariciarle la cabeza, y me dijo que eso le encantaba, que lo extrañaba, y comenzó a platicarme muchas de sus aventuras diarias de adolescente , así que he vuelto a usar la técnica, y he notado que se ha convertido en un momento de libre comunicación que asocian con situaciones placenteras, de tranquilidad, sábanas frescas y cama suave, y sin querer, sin presionar, me entero de sus planes, sus triunfos, sus desdichas, sus amigos, sus amores platónicos, me muestran las publicaciones en INSTA, sus fotos favoritas de PINTEREST.

Criar hijos MANTENIENDO ABIERTA LA COMUNICACIÓN Y LA CONFIANZA

CAPITULO 21. EL TRABAJO Y LA ECONOMIA. ¿SOY UNA MADRE AVARA?

Desde que mis hijos nacieron, he tenido el privilegio de convivir con ellos, aún cuando esté en mi trabajo, pues he podido adaptar junto a mi oficina, un salón de juegos y estudio para ellos, y en los tiempos de vacaciones escolares, incluso han podido ganar "unos pesos adicionales a su "DOMINGO" (asignación económica semanal) al apoyar en algunos trabajos manuales que la fábrica requiere.

Cuando los niños entraron a la Secundaria, comenzaron a pedir TENIS de Marca, para los días de deportes, lo cual implicaba una inversión mayor a lo que yo tenía presupuestada, por lo que les dije que yo les entregaría la cantidad que tenía asignada, y ellos, pondrían la diferencia, con lo que habían ahorrado, gracias a su trabajo.

Al principio se molestaban y me hablaban de "todo, todo, todo lo que sus amigos tenían", de que "sería un oso" (se sentirían avergonzados) si se presentaban a la escuela usando tenis comunes. Entonces resulté ser una madre "tacaña, enojona, y un sinfín de cualidades". Pero no cedí.

Así que, cuando ya vieron que la diferencia tendría que salir de su bolsillo, buscaron la mejor calidad, el mejor precio, y la mejor época de compra, y desde entonces saben comprar obteniendo el mayor beneficio. Y son felices presumiendo las mejores gangas, y hasta con satisfacción y con toda honradez, me devuelven el cambio de lo que no gastaron.

Actualmente, mi hija a los 20 años, es capáz de hacer la compra completa de la despensa de la casa, buscando los mejores precios, el mayor rendimiento, fechas de caducidad, y conceptos nutricionales y ecológicos para el cuidado del medio ambiente

En algún momento me pregunte ¿ESTOY AFECTANDO SU AUTOESTIMA AL PERMITIR QUE SE SIENTAN INFERIORES A SUS COMPAÑEROS POR NO TENER ROPA DE MARCA y los GADGETS Y ARTICULOS MAS TRENDIES?

Criando hijos **QUE CONOCEN EL VALOR DEL DINERO Y LA UTILIDAD DE LAS COSAS.**

CAPITULO 22. MAESTROS EXIGENTES. ¿SOY UNA MADRE DEBIL? ¿PERMITO QUE ABUSEN DE MIS HIJOS?

Mi hija se quejaba conmigo de que su maestra de 5°. De primaria les exigía hacer la tarea con limpieza y con correcta ortografía, y qué si no lo hacían así, les regresaba el trabajo, aun cuando el contenido fuera el correcto, y a veces no les permitía salir al recreo, hasta que lo hubieran repetido correctamente.

También les pedía que todos los trabajos que habían descargado de internet, fueran escritos a mano, no permitiendo de ninguna manera el copy paste. Para que si quiera se molestaran en escribir, y no solo en pegar una información que ni siquiera leían.

Algunos padres comenzaron a quejarse con la dirección por esta actitud, llegando inclusive a pedir que cambiaran a la maestra. Mi hija llevada por la corriente, comenzaba a estar de acuerdo con ellos y tal vez pretendía que yo me uniera a la petición de los padres.

Le pregunte:

-. ¿La maestra es grosera cuando les pide repetir el trabajo? ¿Les avienta el cuaderno o les denigra ante sus compañeros por el trabajo mal hecho? Mi hija me dijo que no. Entonces le contesté.

- Pues si la maestra les exige cumplir correctamente con su trabajo, la apoyo totalmente, pues DISCIPLINA Y ORDEN son algunas de las cualidades que se requieren para triunfar.

Mi hija se quedó sorprendida, pues casi estaba segura de que yo la apoyaría en su disgusto con la maestra.

En otra junta escolar, me encontré que había sido convocada por padres indignados porque sacaban a sus hijos de clase por no poner atención o estar distrayendo a sus compañeros. Alegaban que no era justo que sacaran a sus niños al patio a sufrir frio y como consecuencia padecer terrible gripa, o que tuvieran que pararlos al fondo del salón sometidos al escarnio de sus compañeros, viéndose afectada su "autoestima y su imagen". (Nos quejamos de los niños de cristal, y estamos siendo los creadores de ellos). Defendí a la maestra que realizaba dichas prácticas, pues ante todo, el maestro y los niños se merecen el respeto de sus compañeros, y estar en un ambiente que les permita el aprendizaje. Yo no quiero que mi hija sea débil, pero sobre todo quiero que aprenda a soportar las consecuencias de sus actos, que sea fuerte, y ¡¡¡no se quiera cortar las venas con "galletas marías" cuando termine con el primer novio¡¡¡

Criando hijos RESPETUOSOS Y DISCIPLINADOS

CAPITULO 23. RESPONSABILIDADES. ¿SOY UNA MADRE DEMASIADO ESTRICTA?

En una ocasión, deje a mi hijo en su escuela secundaria. Había apenas llegado a mi oficina, cuando suena mi celular, y veo que es mi hijo, le contesto, y de manera atropellada, me pide que regrese a llevarle la bata de quimica urgentemente, pues ya iba a comenzar su clase, y si no la llevaba no lo dejarían entrar al salón y le bajarían puntos. Accedí y se la llevé, y todo se solucionó.

Dos semanas después... Ni siquiera se tomó la molestia de llamar, solo escribió en el whats:

- Ma....¡¡ tráeme la bata de química, porfa¡¡. Estuve a punto de llamarle y gritarle dos que tres cosas, pero me contuve, porque seguramente estaba en el salón de clase. Simplemente le escribí:

- No puedo, estoy en una junta de trabajo. Me contestó:

-¡¡¡Entonces tu trabajo te importa más que yo¡¡¡. Si me reprueban en la materia ¡¡¡VA A SER TU CULPA¡¡¡.

Ni siquiera me molesté en contestarle. Seguí recibiendo whats, exigiendo, suplicando que le llevara la bata, pero simplemente" lo dejé en visto".

Por la tarde cuando llegó a casa, estaba muy indignado y no me dirigía la palabra.

Más tarde, cuando ya lo ví de mejor humor, le recordé que dos semanas antes le había llevado la bata de química, lo cual no era mi obligación, y qué si lo hubiera hecho la segunda ocasión, iba a seguir pasando. Le explique que el olvido había sido de él, por lo tanto, él era el responsable de que le bajaran puntos o lo reprobaran, y que tenía que asumir las consecuencias. Seguramente aprendió, porque no volvió a olvidar nada.

De hecho, la escuela no permite que los papas vayamos más tardes a dejar lo que se les olvida a los niños.

Jacqui Fis Gon

Criando hijos RESPONSABLES, QUE ASUMEN LAS CONSECUENCIAS DE SUS ACTOS

CAPITULO 24. EN CASA. ¿SOY UNA MADRE ANTICUADA, REGAÑONA Y ABURRIDA?

Recordarán aquellos tiempos en que en casa solo había 1 o 2 televisiones, un solo teléfono y algunos juegos de mesa. ¡¡Cuántas discusiones no se generaron, para decidir el programa que se quería ver, o para que el adolescente enamoradizo colgara el teléfono (después de 2 horas de uso), para que los demás pudieran hacer sus llamadas¡¡. ¡¡ Era terrible¡¡¡, pero también fomentaba la capacidad de negociar, la necesidad de compartir y de ser recíprocos.

Actualmente, en la medida de nuestras posibilidades damos a cada hijo su habitación, su celular, su televisión y su computadora, (el erróneo culto a la individualidad y a la autosuficiencia) entonces, cada quien ve el programa que quiere, usa el celular por horas y juega contra sus amigos virtuales.

Ya no es necesario, acordar un programa de tele que satisfaga a todos, ni definir horarios de uso, ni reirse a carcajadas del que perdió su turno por salir corriendo al baño.

En casa hemos acordado reunirnos 2 veces a la semana para ver una película que decidamos todos, amontonados en una sola cama, y el celular y el ipad quedan estrictamente prohibidos en ese momento. Durante las comidas, los celulares solo se usan para escuchar música del agrado de todos. Pregúntenme si esto les encantó a mis hijos….. ¡¡¡Por supuesto que NO¡¡¡, Pero después de algún tiempo en verdad disfrutamos el tiempo juntos y sabemos negociar, ceder y compartir.

Criando hijos QUE SABEN COMPARTIR Y NEGOCIAR

CAPITULO 25. EL DIALOGO. ¿SOY UNA MADRE INVASIVA?

Después del terrible tráfico y el calor, llego por fin, a recoger a mis hijos a la escuela.

Tan pronto se suben al coche, comienza el bombardeo:

- -¿cómo te fue? ¿Cómo andas de tarea? ¿te entregaron calificaciones? ¿cómo te fue en el examen?. Y en sábado o domingo: ¿a qué hora es el partido? ¿Quiénes van a ir a la fiesta? ¿van a estar los papás de tu amigo en la fiesta?

Y las respuestas:

- (pujidos, gruñidos, monosílabos), "bien" "ajá" " no sé", "no me acuerdo" "tengo sueño" "nadie pasó el examen"

¡¡¡ Por favor, por favor, evitemos la plática logística y los interrogatorios¡¡¡

Se imaginan que nuestros hijos nos preguntaran:

- ¿Cuánto ganas?, ¿ya pagaste tus impuestos?, ¿cumpliste con tu dieta? ¿Cuántos cigarros te fumaste hoy?

Después de que me di cuenta del gran error que cometía con este estilo de "comunicación"

Me esforcé con otro tipo de preguntas como:

¿de qué humor llegó hoy el profe...? ¿y que te dijeron de tu nuevo corte de pelo? ¿cómo se portó hoy el árbitro? ¿y qué pasó con Sofi, sigue con Alan?

(trato de usar el lenguaje que ellos usan, saber sobre influencers, canciones y cantantes de moda). De repente los sorprendo con algún tema muy "trendy", y mi hijo me dice:

- ¡orale Jefa, tu sí sabes¡¡

O bien les platico las situaciones más cómicas o más sorprendentes que tuve en mi día de trabajo.

He obtenido muy buenos resultados, pues todo el camino de regreso nos reímos, escuchamos música, platicamos, y solito, sin yo pedirlo, voy obteniendo toda la información "logística" que requiero.

Criar hijos EVITANDO LA PLATICA LOGISTICA.

CONCLUSIONES

¿Qué me lleva a escribir este libro? Hacer algo por la sociedad, por mejorar al mundo.

Las acciones correctivas que se han implementado en el mundo en todos los sentidos, tratan de acabar con los grandes males. Y a nosotros como padres nos toca implementar las medidas preventivas, para que las próximas generaciones generen un cambio real y permanente.

Porque creo firmemente que tener un país, un mundo más seguro, no consiste en tener más policías, más cárceles, mejores alarmas, ni botones de pánico, sino en la educación y crianza de niños y adolescentes con valores, con fortaleza y con disciplina.

Si queremos una distribución más equitativa de la riqueza, busquemos una educación y crianza de niños y adolescentes, fomentando el liderazgo inspiracional y por convicción, la autosuficiencia, la creatividad, la audacia, la generosidad, la equidad de género.

Porque si queremos menos adicciones, menos depresión, se requiere de la educación y crianza de niños y adolescentes que se sepan amados, respetados, con libertad de expresión, escuchados, resilientes.

Porque si no queremos acabar botados en un asilo, suplicando nos vengan a ver una vez al año, debemos implementa la educación y crianza de niños y adolescentes que amen y respeten a sus padres y adultos mayores; que sean generosos y ayuden a los más desvalidos.

Los niños y los jóvenes pueden cambiar la historia. Podemos cambiar el mundo si desde ahora educamos mejores niños y jóvenes para que dentro de 25 años el mundo sea diferente. Por favor ya no eduquemos generaciones de cristal.

Con una adecuada educación y crianza de niños y adolescentes les permitimos estar mejor equipados para la vida.

Jacqui Fis Gon

Jacqui Fis Gon

Made in the USA
Columbia, SC
05 August 2024